# ANCIENS COLLÈGES

## DE LA

# PROVINCE D'ANJOU

><+><

*Les Exercices publics et les Distributions des Prix*

A LA FIN DU XVIII<sup>e</sup> SIÈCLE

PAR

## M. l'Abbé UZUREAU

AUMONIER DU CHAMP-DES-MARTYRS

(Extrait de l'*Anjou Historique*)

ANGERS

IMPRIMERIE TYPOGRAPHIQUE ET LITHOGRAPHIQUE J. SIRAUDEAU

4, Chaussée Saint-Pierre, 4 (Anc. Maison Lachèse)

—

1901

# ANCIENS COLLÈGES

## DE

# LA PROVINCE D'ANJOU

---

## Les Exercices publics et les Distributions des Prix

### A LA FIN DU XVIIIᵉ SIÈCLE

---

*C'est le 3 juillet 1773 que parut, chez le libraire Billault, le premier numéro des Affiches d'Angers (1). Dans le prospectus du journal angevin, on disait entre autres choses : « Les Exercices publics des différents collèges de la province y trouveront leurs places. » L'éditeur des Affiches et ceux qui lui succédèrent, ne furent guère fidèles à leur promesse, et les Exercices en question n'y trouvèrent pas souvent leurs places. Il faut le regretter, car ce serait une des sources les plus précieuses à consulter pour l'histoire de nos anciens collèges.*

*Nous avons cru néanmoins intéressant de reproduire les détails donnés par la feuille angevine sur les Exercices Acadé-*

---

(1) Cette publication n'a jamais cessé de paraître depuis cette époque, mais son titre a été modifié plusieurs fois : c'est aujourd'hui le *Journal de Maine-et-Loire.*

*miques et sur les Distributions des Prix, depuis 1773 jusqu'à la Révolution. Les curieux de notre histoire provinciale voudront comparer ces solennités du XVIIIᵉ siècle avec celles de notre époque.*

*Le texte des Affiches d'Angers a été conservé intégralement pour permettre de faire également une comparaison entre l'unique journal angevin d'alors et les comptes rendus publiés par les périodiques de nos jours.*

I

## Collège royal de l'Oratoire d'Angers (1)

## 1773

MM. René Chéreau de la Boulois, de Cholet ; Marie-Pierre-Nicolas Parage de l'Épinay, de Villevêque ; Pierre Menanteau, des Sables-d'Olonne ; François Mesnard du Coudray, de Cholet ; Augustin Belliard, de Fontenay-le-Comte, étudiants en philosophie, ont soutenu, sous la présidence du professeur de physique, le samedi **24** juillet, un Exercice public sur différentes propositions choisies de physique expérimentale, et les expériences ont été faites par le sieur Damoreau de la Brière (**2**).

(1) Appelé aussi *Collège Neuf* ou *Collège d'Anjou*. Fondé en 1509, il fut dirigé par la Congrégation de l'Oratoire depuis 1624 jusqu'à la Révolution. Les cours se donnaient dans les bâtiments occupés aujourd'hui par l'Hôtel-de-Ville d'Angers.

(2 Le sieur Damoreau de la Brière, « démonstrateur de physique expérimentale, élève de feu M. l'abbé Nollet, connu par les derniers cours de physique qu'il a donnés, tant à Paris que dans les grandes villes et même aux îles, donne avis qu'il donnera tous les jours, depuis quatre heures du soir jusqu'à huit, des expériences tant sur l'air que sur les autres parties, tels que l'aimant, les phosphores et l'électricité... (*Affiches d'Angers*, du 7 août 1773. — Il était encore à Angers en 1785.

MM. de l'Oratoire justifient tous les jours l'opinion avantageuse qu'on a de leurs talents pour l'éducation de la jeunesse.

Le vendredi 13 août, MM. de l'Oratoire firent, dans la cour de leur collège, la distribution générale des prix. Cet acte public, si capable d'animer les talents des candidats, et d'exciter leur émulation, fut précédé d'un dialogue, qui avait pour titre : *Le parallèle du Parnasse Français sous Louis XIV et sous Louis XV*, et dont les acteurs ou interlocuteurs furent : MM. Pierre-Vincent Benoît (1), pensionnaire, d'Angers ; Mamert-Coullion de la Douve (2), pensionnaire, d'Angers, et Mathurin Orry, pensionnaire, de Nantes. Le professeur de rhétorique prononça ensuite un discours sur ce programme : *Le séjour de la capitale est-il plus utile aux mœurs et aux arts que le séjour de la province ?* L'orateur, qui mérita l'attention et les applaudissements de l'assemblée, conclut, comme on devait s'y attendre, que la capitale est plus utile aux arts, et la province aux mœurs.

## RHÉTORIQUE

Éloquence Latine. — *Prix* (3) : René-Dominique Vérot, Mamert Coullion de la Douve. — *Accesserunt* : François Guichard, Mathurin Bouché, Adrien Faligan.

Éloquence Française. — *Les deux prix ont été tirés au sort entre* Vincent Benoît, Adrien Faligan et Jacques Ferrière. — *Accesserunt* : Mamert Coullion de la Douve, Mathurin Bouché.

Version. — *Prix* : Adrien Faligan, René Cherbonneau. —

---

(1) Député de Maine-et-Loire sous la Restauration. Mort à Paris le 1er décembre 1834.

(2) Membre du Conseil des Cinq-Cents et plus tard secrétaire général de la préfecture de Maine-et-Loire. Mort le 10 décembre 1819, en sa maison de Lesvière.

(3) Vérot eut le *premier* prix et Coullion de la Douve le *second*. Ainsi des autres.

*Accesserunt :* Vincent Benoît, Mathurin Bouché, Mamert Coullion de la Douve.

VERS. — *Prix* : Mathurin Bouché, Étienne Chentrier. — *Accessit :* René-Dominique Vérot.

MÉMOIRE. — *Prix :* Mathurin Bouché. — *Accessit :* Étienne Chentrier.

## SECONDE

NARRATION. — *Prix :* Charles Pérard (1). Jacques Chesneau. — *Accesserunt :* Pierre Orry de la Roche, Mathurin Orry, Nicolas Laumonier, André Joyau.

VERS. — *Prix :* Pierre Orry de la Roche, Nicolas Laumonier. *Accesserunt :* Mathurin Orry, Pierre Paulmier, Gaspard Ollivier.

VERSION. — *Les deux prix ont été tirés au sort entre* Martial Cossin d'Aubigny *et* Mathurin Orry. — *Accesserunt :* Jasques Chesneau, Nicolas Laumonier, Charles Pérard, Pierre Orry de la Roche, Charles Paulmier.

THÈME. — *Le premier prix a été mérité par* Martial Cossin d'Aubigny *et a été obtenu par* Louis Chevré; *second prix :* Charles Paulmier. — *Accesserunt :* Nicolas Laumonier. Charles Pérard, Jean Peton, André Joyau, Pierre Orry de la Roche.

MÉMOIRE. — *Prix :* Charles Pérard, — *Accessit :* Nicolas Laumonier.

## TROISIÈME

THÈME. — *Prix :* Jean-Aubin Thouin, Pierre Lenfant le jeune. — *Accesserunt :* René Monrobin (2), Jean-Baptiste Chauvière, Louis de la Chauvetière, Charles Legris de la Pommerais.

VERS. — *Premier prix,* Jacques Guibours : *le second prix a été mérité par* Pierre Lenfant le jeune, Jean-Aubin Thouin *et* René Monrobin. *et a été obtenu par* Charles Legris de la Pommerais.

VERSION. — *Prix :* Joseph de Lespinasse, René Monrobin. — *Accesserunt :* Charles Legris de la Pommerais, Louis Couraudin, Jean-Baptiste Chauvière.

MÉMOIRE. — *Prix :* Pierre Lenfant le jeune.

---

(1) Pérard fut membre de la Convention.
(2) Mort curé de Saint-Léonard-les-Angers, le 1er avril 1845

## QUATRIÈME

DILIGENCE. — *Ces prix ont été accordés à ceux qui ont obtenu le plus souvent les premières places dans le courant de l'année.* — *Premier prix :* Aimé Bancelin (1) ; *le second prix a été tiré au sort par* André Pays du Vau et Symphorien Avril. — *Accesserunt :* Claude Chaudemanche, Jacques Deschères, René Choudieu (2), Jean-Baptiste Georget, Jean-Baptiste Gauthier, François Poillièvre.

THÈME. — *Premier prix :* Jacques Deschères ; *le second prix a été mérité par* Aimé Bancelin *et a été obtenu par* Augustin Garnier. — *Accesserunt*, Symphorien Avril, Jean-Baptiste Gauthier.

VERSION. — *Les prix ont été tirés au sort entre* Aimé Bancelin et Claude Chaudemanche. — *Accesserunt :* Symphorien Avril, Jean-Baptiste Georget, David Goirand, André Pays du Vau, Jean-Baptiste Gauthier.

MÉMOIRE. — *Prix :* Aimé Bancelin.

## CINQUIÈME

DILIGENCE. — *Prix :* Jacques-Augustin Charpentier, Jacques Lecocq. — *Accesserunt :* Augustin Pocquet de Livonnière, Jean de Bautru, Jules Romain, Jacques de Meaulne, Laurent Le Daux, Guy-René Carré de la Saulaye.

THÈME. — *Premier prix :* Jacques Couraudin ; *le second prix a été mérité par* Jacques-Augustin Charpentier *et a été obtenu par* Mathurin Thuau. — *Accesserunt :* Jacques Lecocq, Symphorien Tessié, Jean-Baptiste Bedane.

VERSION. — *Prix :* Jacques-Augustin Charpentier, Jacques Lecocq. — *Accesserunt :* Symphorien Tessié, Julien Gauthier, Augustin Pocquet de Livonnière, Maurille Nicole (3).

MÉMOIRE. — *Prix :* Jules Romain. — *Accessit :* Jean-Baptiste Lenfant.

(1) Mort le 16 mai 1845, ancien curé de Saint-Nicolas de Saumur.
(2) C'est le trop fameux conventionnel.
(3) Mort à Angers en 1841, ancien curé de Sainte-Gemmes-sur-Loire.

## SIXIÈME

DILIGENCE. — *Prix* : Alexandre de la Ferrière, Antoine Courant. — *Accesserunt* : Barthélemy Humeau, Jean Boussin, Jean Behier, Louis-Marie-Joseph Legendre, Nicolas Besnard.

THÈME. — *Les prix ont été tirés au sort entre* Alexandre de la Ferrière et Antoine Courant. — *Accesserunt :* Barthélemy Humeau, Jean Boussin.

MÉMOIRE. — *Prix* : Barthélemy Humeau. — *Accesserunt :* Louis Ferré, Jacques Boisard (1).

## 1773

### Après les Exercices faits en plusieurs classes du Collège

(1) La *Revue Angevine*, dans son numéro du 15 août 1897, a publié ce *palmarès*, mais sans dire que ce document était emprunté aux *Affiches d'Angers*.

Le même journal publia le compte rendu suivant de la séance de rentrée (novembre 1773) :

« Le Collége d'Anjou a fait son ouverture, suivant l'usage, le lundi
« d'après la Toussaint (8 novembre), par une messe du Saint-Esprit, qui a
« été célébrée en l'église des Prêtres de l'Oratoire, qui ont la direction et
« l'administration du Collège.

« Après la messe, les discours de rentrée ont été prononcés par le
« P. Durand, professeur des Humanités, et le P. de Roulhac, régent de
« Troisième.

« Le discours du professeur des Humanités avait pour sujet la paresse
« ou la négligence (*de desidiâ*). Il prouva, avec autant de solidité que
« d'éloquence, que ce vice est plus dangereux dans la société et pour la
« littérature que beaucoup d'autres qui exercent d'ordinaire le zèle des
« orateurs.

« Le R. P. de Roulhac fit voir dans son discours sur la raillerie (*de ca-*
« *villatione*), qu'elle nuisait autant à ceux qui s'en faisaient un jeu ou
« une habitude d'esprit qu'aux personnes qui en étaient l'objet. Il traita
« son sujet avec toute la délicatesse et l'énergie qu'il demandait. »

« Le lundi 22 novembre, on a commencé les leçons publiques de ma-
« thématiques par les *Éléments*, de M. l'abbé Sauris, suivis des *Leçons*
« *d'astronomie*, de M. l'abbé de la Caille, dans la salle de mathématiques
« des Prêtres de l'Oratoire. »

des Prêtres de l'Oratoire, les prix ont été publiquement distribués le 11 août et ont été obtenus :

En *Rhétorique*, par MM. Joyau, Desvaux, Couraudin, Lenfant, Barthélemy, Hervé, Monrobin, Breheret.

En *Seconde*, par MM. Orry, Choudieu, Avril, Bancelin, Massonneau, Chaudemanche, Baudron, Garnier, Pays du Vau.

En *Troisième*, par MM. Orry, Pocquet de Livonnière, Ledaux, Desmazières, Lecocq, Barthélemy, Devau.

En *Quatrième*, par MM. Poisson, Sortant, Fautras, Georget.

En *Cinquième*, par MM. Pouyet, Prévôt de la Chauvellière, Madec, Besnard.

En *Sixième*, par MM. Dumoussé, Lemonnier, Houssin.


## 1776


Le P. de la Route, de l'Oratoire, professeur de physique au Collège d'Angers, a donné, à la fin de son cours, un Exercice sur la physique mathématique et expérimentale, distribué en six séances. L'Académie Royale de cette ville en a bien voulu agréer la dédicace (1). Le sieur Laumonier, clerc tonsuré, d'Angers, seul répondant pendant les six séances, s'est attiré l'attention et l'applaudissement des spectateurs , par la netteté et la précision avec laquelle il a satisfait aux questions qui lui ont été proposées. M. l'abbé Guillot (2), secrétaire perpétuel de l'Académie, chanoine de Saint-Maurille, a été l'organe de la Compagnie dans les première et dernière séances. Les membres de ladite Académie ont annoncé au P. de la Route, dans la dernière

(1) Dans sa séance du 14 juin 1776. — L'Académie d'Angers, fondée en 1685, subsista jusqu'à la Révolution.
(2) M. l'abbé Guillot, chanoine de Saint-Maurille, mourut le 21 mai 1787.

séance, qu'ils le nommaient leur associé, et que le sieur Laumonier serait dorénavant sous la protection et la bienveillance de la Compagnie (1).

## 1783 (2)

M. René-Nicolas Barbot, pensionnaire du collège d'Angers, soutint, le vendredi 29 juillet, dans la salle des

(1) *Affiches d'Angers* (numéro du 9 août 1776).

(2) *Nous donnons ici plusieurs autres comptes rendus publiés par les Affiches d'Angers ; le premier fait allusion à la guerre d'Amérique, terminée en 1783 par le glorieux traité de Versailles :*

Vendredi 7 avril 1780, le professeur de rhétorique du Collège de l'Université d'Angers prononça la harangue qu'il est dans l'usage de faire chaque année. Il se proposa de faire connaître quelles sont les obligations que les puissances de l'Europe doivent à la France, qui fait tous ses efforts pour assurer la liberté des mers et procurer une paix solide et permanente.

Ce discours, qu'on ne peut guère regarder aujourd'hui que comme une de ces conjectures parfaitement indifférentes, fondée plus encore sur des événements couverts des sombres nuages de l'avenir que sur nos succès, était très propre à soutenir les espérances de cette classe de citoyens qui pèsent dans une juste balance nos avantages et nos pertes, et à calmer nos craintes et les inquiétudes prématurées de ceux que le moindre échec alarme et désespère. Du reste, il était écrit avec beaucoup d'élégance et de netteté. Plusieurs morceaux brillants excitèrent l'admiration de l'auditoire, qui en fut vivement frappé.

— Après tout ce que nous avons publié des fêtes religieuses et patriotiques si multipliées dans cette ville, depuis l'heureuse époque de la naissance de Mgr le Dauphin, une chose semblait manquer encore au pied du berceau de l'enfant royal : le tribut de l'éloquence. Mercredi, 12 décembre 1781, l'orateur né de la province, le P. Dané, professeur de rhétorique au collège d'Angers, a prononcé, sur les trois heures après midi, un discours dont l'objet était de féliciter la France et l'Europe entière sur le grand événement qui fixe tous les esprits, comme il intéresse tous les cœurs. L'orateur a fait depuis longtemps ses preuves dans le poste qu'il remplit. Sa manière est connue. Mais on ne lui connaissait pas le don de prophétie. La France et l'Europe doivent lui savoir gré de l'usage ingénieux, noble et tout à la fois si consolant qu'il en a fait. Il est vrai qu'on prophétise à coup sûr, quand on fonde à si juste titre l'avenir sur le présent, et que l'on conçoit de *Louis* et d'*Antoinette* à leur auguste fils. Le tableau de nos derniers succès en Amérique, artistement encadré dans la première prêtres de l'Oratoire, un exercice de mathématiques, dédié à MM. les maire et échevins de la ville d'Angers. Un programme rempli de connaissances annonçait des progrès au-dessus de son âge. L'intérêt avec lequel il répondit à toutes les questions qui lui furent proposées, justifia parfaitement cette idée, et ses brillants succès durent donner autant de satisfaction à ses maîtres que d'espérances au public.

La présence de MM. les officiers de l'Hôtel de Ville, qui voulurent bien y assister en corps, ne sera pas seulement pour le jeune mathématicien la récompense la plus flatteuse. Elle sera sans doute encore, pour ceux qui marchent sur ses traces, l'objet de l'émulation la plus vive.

partie du discours, produisit tout l'effet que l'orateur devait en attendre. Il devait être flatté de voir son enthousiasme se communiquer de la manière la plus vive et la plus marquée à l'auditoire nombreux et choisi qui remplissait la salle.

Nous ne pouvons mieux terminer cet article qu'en ajoutant que, dans la matinée du même jour, à l'issue d'une messe célébrée dans l'église de l'Oratoire par le P. Devaux, supérieur, MM. les écoliers avaient chanté leur *Te Deum*. Oui, le leur. Les *Te Deum* de cet âge en valent bien d'autres, et celui-ci peut figurer à côté de tous ceux que nous avons annoncés. Nous félicitons nos jeunes concitoyens d'être si bien instruits du grand devoir de prier pour leurs princes, et d'avoir rempli avec une piété et une simplicité qu'ils ne sauraient conserver avec trop de soin.

— Lundi 12 mai 1783, le P. Duné a prononcé une harangue latine, dans laquelle il a fait voir les avantages de la paix pour la France et pour l'Europe. Mgr l'Évêque, à qui elle était dédiée, était présent. Il a donné, ainsi que tous les assistants, à l'orateur les justes éloges que méritent son patriotisme épuré, sa connaissance profonde des intérêts politiques des diverses couronnes, le choix heureux et l'ordre de ses preuves, la finesse et la justesse de ses observations, la force, l'élégance et la pureté de son style. (Mgr *de Lorry était arrivé à Angers le 20 décembre précédent.*)

— Le P. Orry, de l'Oratoire, professeur de rhétorique, prononça, le mercredi 27 avril 1785, un discours sur l'*éducation*, où il déploya éloquemment les moyens de former l'homme de lettres, le citoyen et le citoyen religieux.

## 1786 (1)

L'usage respectable que MM. les officiers municipaux de la ville d'Angers ont fait des salles du Collège (2) devenant un obstacle pour les Exercices publics que les écoliers ont coutume de préparer à la fin de chaque année, ces magistrats bienfaisants l'ont eux-mêmes levé, en accordant la salle de l'Hôtel de Ville et en déterminant MM. les directeurs du concert à suspendre les ouvrages qu'ils y commençaient. Leur conduite dans cette circonstance est un témoignage si éclatant de leur zèle pour l'encouragement et le progrès des études, que nos concitoyens en verront sans doute le détail avec la plus vive satisfaction.

Les Exercices offrent de grands avantages. En les substituant aux pièces de théâtre, dont la préparation entraînait autrefois de si grandes fatigues et tant de soins perdus, on a rempli le vœu de tous ceux qui sentent combien le temps consacré à l'éducation est précieux, et qui préfèrent des connaissances utiles à des goûts frivoles. Ils ont ordinairement pour objet l'explication des auteurs classiques et quelque partie de la littérature et de l'histoire. L'espoir de paraître devant le public, le désir de mériter ses suffrages excitent dans l'âme des jeunes gens une émulation singulière : toutes les difficultés disparaissent, tous

1 Le professeur d'éloquence du collège d'Anjou prononça, le 4 août 1786, un discours latin. Il y combattit les principes de la philosophie du XVIIIe siècle, en examinant successivement les ravages qu'elle a faits dans littérature et les mœurs. *Affiches d'Angers.*)

2 C'est dans ces salles qu'on a distribué, depuis le mois de mars, à bas prix et même gratuitement, une quantité considérable de grains. (Note des *Affiches*.

les obstacles s'aplanissent devant cette flatteuse perspective. Le travail n'a rien de pénible, l'étude n'a rien de rebutant quand ils songent aux applaudissements qui en seront la récompense. Mais cette ardeur n'a-t-elle pas dû aller jusqu'à l'enthousiasme, lorsqu'ils ont vu les chefs des citoyens devenir leurs protecteurs immédiats, agréer la dédicace de leurs différents Exercices, les honorer de leur présence et couronner leurs succès de leurs propres mains ? Tandis que le spectacle touchant de la misère publique soulagée faisait sur leur cœur l'impression la plus vive, tandis que dans le lieu même où ils venaient écouter leurs maîtres, ils apprenaient chaque jour à respecter, à chérir les pères de la patrie, en voyant les bienfaits qu'ils ne cessaient de répandre, ils se sont trouvés eux-mêmes l'objet de ces soins vigilants qui s'étendent à tous, de cette administration aussi sage dans ses vues que profonde et éclairée dans ses moyens. Non, jamais ils ne perdront le souvenir de cette époque précieuse qui fit naître tout à la fois dans leur âme le sentiment de l'admiration et celui de la reconnaissance.

Les écoliers de rhétorique donnèrent les premiers, le 11 du mois d'août, un Exercice sur l'élocution. Il fut suivi de la distribution des prix. Cette cérémonie, accompagnée de toute la solennité qu'elle pouvait avoir, mérita vraiment d'être appelée une fête publique. Les officiers municipaux couronnèrent eux-mêmes les premiers vainqueurs et joignirent des prix aux livres que le collège avait destinés. Ceux qui les obtinrent, se rappelleront toujours les paroles flatteuses et encourageantes que M. le lieutenant de maire leur adressa, au nom de la patrie qu'il représentait.

Le samedi 19, le lundi, le mardi et le mercredi suivants, les autres classes parurent successivement. Les Cinquièmes joignirent à des questions sur l'histoire ancienne des

Perses et des Égyptiens, des Assyriens et des Indiens, un entretien sur la religion de ces différents peuples. Les Quatrièmes présentèrent l'histoire des Grecs ; les Troisièmes, celle de l'Empire romain, et les Secondes, deux entretiens sur la poésie. Ce dernier Exercice fut terminé par quelques scènes allégoriques en vers et entremêlées de chansons relatives à la circonstance.

Apollon exilé par Cérès est accueilli généreusement par Polymnie. Établi dans son nouveau domaine, il cherche à se venger de la déesse, qui s'est emparée de son empire. Mais la Bienfaisance vient suspendre sa colère. Cette divinité a seule présidé aux opérations qui l'ont excité. Le dieu des Arts finit par chanter un hymne en son honneur.

Nos lecteurs lèveront aisément le voile qui couvre les personnages, et il ne leur sera pas difficile de substituer les noms véritables à ceux que l'allégorie a empruntés.

## 1789

La distribution des prix du Collège de la capitale s'est célébrée cette année avec une solennité et une pompe, dont on ne se rappelait pas depuis longtemps avoir été témoin. MM. du Comité (1 auquel était dédié l'Exercice qui la précédait, s'y étaient tous rendus, et ce fut déjà un spectacle bien touchant pour les bons citoyens de voir ceux que leurs libres suffrages avaient choisis pour être

(1) Ce *Comité* s'était formé à Angers à la suite de la prise de la Bastille. Il ne tarda pas à supplanter le Corps de Ville lui-même et à prendre le véritable gouvernement de la cité. Pendant quelques semaines, M. de Houlières fut son président ; c'est lui qui fut nommé maire, lors de l'application de la loi nouvelle, le 1er février 1790.

On voit, par ce compte rendu des *Affiches,* que le collège de l'Oratoire d'Angers était tout à fait dans le mouvement ! La suite ne devait pas démentir ce début.

les protecteurs de l'ordre dans un temps de troubles et d'alarmes, sacrifier le peu d'instants que leur laissent à eux-mêmes leurs fonctions publiques, et encourager de leur présence une jeunesse qui n'attend que des regards pour se livrer aux efforts que l'émulation a inspirés.

Le sujet de l'Exercice était digne de ces Messieurs : il s'agissait du *sublime*. Il a paru généralement bien traité. Du vrai dans les préceptes, du beau dans les exemples, de la pureté et de la clarté dans le style, un bon ton de dialogue, autant de leçons de morale que de goût : voilà ce que l'assemblée n'a pu remarquer sans se pénétrer des sentiments de reconnaissance qu'elle doit aux instituteurs libres, qui se dévouent aux pénibles soins de l'éducation.

Un autre mérite, moins utile sans doute, mais qui n'a pas causé une sensation moins agréable, a été l'art singulier avec lequel l'auteur a su se rapprocher, en quelque sorte sans digression, de tout ce qui peut exciter dans les circonstances le plus vif intérêt.

L'Exercice fini et une chanson analogue à la fête chantée. M. de Houlières, président du Comité, est monté sur le théâtre pour distribuer les couronnes et les prix dont sa compagnie avait, à ses propres frais, augmenté de beaucoup la valeur. La musique qui déjà avait fait l'agrément des entr'actes, s'est fait entendre avec cette expression qui annonce un moment de transport. Un écolier a paru, porteur des billets sur lesquels les noms des vainqueurs étaient inscrits. Le premier qui l'a frappé, a été le sien. La joie ne lui a pas permis de le finir. Eh ! qui ne la partageait, cette joie ? Qui n'éprouvait dans cet instant tout ce que peut sur un jeune cœur l'amour de la gloire, l'ivresse du succès, les applaudissements d'une assemblée nombreuse et choisie ? Sentiments précieux, puissiez-vous faire pour toujours la base de l'éducation française ! Puissiez-vous ne jamais vous éteindre ! On cherchera à vous substituer les froids calculs de la raison politique et de l'intérêt. Malheur à nous, s'ils triomphent. Eh ! qui ne devrait savoir que la raison, dénuée du sentiment, n'est que l'égoïsme, et que l'égoïsme est le fléau le plus destructeur de l'ordre social ?

L'assemblée dut regretter de ne pouvoir entendre les paroles de félicitations que M. de Houlières adressait à chacun des écoliers qu'il couronnait. Mais elles se peignaient en quelque sorte dans sa physionomie. La bonté, la douceur, la sensibilité, qui en font le caractère habituel, semblaient avoir reçu des circonstances une nouvelle vie et une nouvelle expression. « Enfants de la patrie, leur disait-il sans doute, c'est pour elle désormais que vous allez exister. C'est à sa gloire que vous devez consacrer vos talents, et vers sa prospérité que doivent se diriger vos vertus. Que ce jour, où elle vous couronne, reste éternellement gravé dans vos cœurs pour y appeler les remords, si vous vous écartez jamais de la route qu'elle vous trace ; ou faire le charme de votre existence, si ces premiers efforts ne sont que le présage de ceux que vous vous promettez. »

De pareilles leçons sont bien puissantes, données par un citoyen qui en offre le modèle. Aussi était-il aisé de voir l'impression qu'elles faisaient sur ceux qui les entendaient. Leur émotion ne se manifestait que par des larmes. Mais que ce langage est éloquent, quand c'est le sentiment et non la faiblesse qui l'inspire !

Je ne sais si je me trompe, mais je crois que ce jour sera l'époque d'une régénération dans l'éducation angevine, qu'on verra désormais le Collège de la capitale plus fréquenté, la confiance dans des instituteurs subalternes moins aveugle, et le zèle de ceux qui nous instruisent avec tant de désintéressement, mieux connu. Il y avait longtemps qu'elle était désirée cette régénération. Et à qui en

aurons-nous été redevables ? aux citoyens sur la vigilance
desquels reposent notre tranquillité et notre honneur (1).

(1) Le mardi 18 mai 1790, les Pères de l'Oratoire se présentèrent avec
une nombreuse députation de leurs élèves, pour offrir leurs hommages à
l'assemblée des électeurs de Maine-et-Loire, réunis à Angers pour nommer la nouvelle administration départementale. Le P. Roy, supérieur, fit
le discours suivant :

« Messieurs,

« C'est en qualité de membre de la Congrégation de l'Oratoire et d'interprète de ses sentiments, que nous nous empressons de vous offrir notre
respect et le tribut d'une reconnaissance aussi réelle qu'elle est juste. C'est
cette Congrégation que vous avez si spécialement honorée de votre confiance, dès les premiers temps de son établissement. Ce fut en 1624 que
vous commîtes à ses soins le dépôt précieux de nos plus chères espérances, l'éducation de la jeunesse. Nous osons le dire, Messieurs, elle a
mis toute sa gloire à remplir ces engagements sacrés, et dans ses fonctions, aussi pénibles qu'honorables, le zèle et le désintéressement la carac-
térisèrent toujours. Servir la patrie, voilà notre unique ambition : l'avoir
servie, voilà la récompense la plus digne de nos cœurs.

« Est-il un moment, Messieurs, où nous puissions jouir plus complète-
ment de ce noble salaire? En effet, pourquoi notre âme ne s'ouvrirait-elle
pas à la plus délicieuse des satisfactions, celle de penser que ces lumières
qui vous distinguèrent toujours et qui vont faire le bonheur de tous, vous
les devez en partie à cette société d'hommes libres, qui, par un retour
bien légitime, s'enorgueillissent de votre propre gloire? Libre par son
essence, notre Congrégation n'est esclave que de la loi, parce que la loi y
fut toujours la volonté de tous. C'est dans cet heureux esclavage qu'elle
fait consister sa douce liberté. Là, dit le grand Bossuet en parlant de
l'Oratoire, une sainte liberté fait un saint engagement; on obéit sans
dépendre, on gouverne sans commander; toute l'autorité est dans la douceur, et le respect s'entretient sans le secours de la crainte. C'est que,
Messieurs, l'égalité politique est la base de nos principes constitutifs.
Ainsi, chez nous, l'esprit de corps ne peut être que l'esprit national.

« Quels titres, Messieurs, que les nôtres? En existerait-il de plus capables
de justifier la confiance qui nous anime en votre présence? Aussi l'hommage respectueux que nous avons l'honneur de présenter à votre illustre
assemblée, est-il un hommage pur, vrai, sincère, le plus cordialement
civique; hommage que nous n'hésitons pas de nommer hommage de
famille, puisque depuis près de deux siècles, s'il m'est permis de m'expri-
mer ainsi, nous sommes enfants de la nouvelle Constitution. »

Le P. Pocholle, professeur d'éloquence, prit à son tour la parole :

« Messieurs,

« Vous venez d'entendre l'hommage d'une Congrégation accoutumée
depuis longtemps à regarder la liberté comme l'essence de l'homme. Si
ses travaux ont été pour la société de quelque avantage, peut-être ne le
doit-elle qu'à cette noble prérogative. Elle pourrait l'offrir comme le garant

## 1790

**Une des plus agréables fonctions que nous puissions
remplir auprès de nos concitoyens, est de leur annoncer,**

de son utilité dans la Constitution nouvelle. Mais ne craignez point que
nous osions préjuger une question qu'il appartient au souverain seul de
peser dans toute sa sagesse. Nous faisons plus, Messieurs; quel que soit
notre sort, tant que notre titre de citoyens et notre amour pour la patrie
nous resteront, nous ne nous croirons privés de rien.

« On peut donc enfin le prononcer, ce mot si longtemps profané ou
méconnu! Oui, nous avons une patrie, puisque nous avons des lois et que
nous formons des mœurs. Les droits de l'homme sont consacrés: la majesté du peuple est avouée: les préjugés antisociaux se dissipent: l'opinion
publique s'affermit; la législation s'épure; la nation voit ses municipalités,
ses départements, ses tribunaux se remplir d'hommes de son choix. La
religion revient à sa simplicité primitive. — A tant de bienfaits, bientôt il
n'en restera plus qu'un à ajouter, celui d'une éducation qui, pour me servir d'expressions qui ne sont point nouvelles pour nous, « recueille tous
les talents, fasse éclore toutes les vertus, et mette la Constitution présente
sous la sauvegarde des générations futures. » C'est déjà un augure bien
favorable de voir le soin de l'animer par la surveillance confiée aux sages
que vous allez élire. Qu'à cette loi précieuse se joigne une instruction qui
propage les connaissances utiles et proscrive celles qui seraient dange-
reuses ou superflues: une discipline mâle, qui accoutume à sentir que la
vertu n'est que la force bien dirigée: des principes austères qui, s'empa-
rant de la raison de l'homme dès l'enfance, donnent encore plus d'énergie
aux habitudes, et la prospérité de la nation française repose sur des bases
indestructibles.

« Mais je ne dois pas oublier, Messieurs, que notre but était moins de
vous entretenir nous-mêmes, que d'arrêter quelques instants vos regards
sur les élèves que vous nous confiez. Ils brûlent de manifester leurs sentiments par la voix d'un de leurs frères: leur âge semble leur donner assez
de droits sur les vôtres: ils en auront un de plus peut-être à votre indulgence, quand vous saurez que l'interprète qu'ils ont choisi, M. La Porte,
écolier de rhétorique, a désiré être et a été sans restriction seul auteur
du discours qu'il va prononcer. »

Voici maintenant le discours de M. La Porte :

« Messieurs,

« Organe d'une jeunesse qui, au milieu de ses travaux, se sent enflam-
mée du civisme le plus ardent, nous venons comme enfants communs de
la patrie vous présenter la vive affection de nos cœurs. Mais oserons-nous
faire entendre nos faibles voix au milieu de cette auguste assemblée, après
que tant d'orateurs éloquents se sont empressés de vous offrir leurs hom-

dans quelque genre que ce soit. les succès qui honorent
leur patrie, ou ceux qui leur donnent de douces espérances. Ils ne nous sauront pas mauvais gré de les entretenir de ceux avec lesquels M. Auguste Thorel (1) a sou-

mages? Oui, Messieurs, telle est notre confiance dans vos bontés, que
nous osons penser que nos sentiments simples, sincères, sans autre fard
que celui de la candeur, n'en auront pas moins de prix à vos yeux. Pourquoi resterions-nous dans le silence, lorsque nous voyons nos concitoyens
accourir à l'envi pour vous féliciter? Serait-ce à cause de notre faiblesse?
Mais elle est soutenue par votre indulgence. Serait-ce par timidité? Quelle
timidité condamnable que celle qui nous éloignerait de nos pères, de nos
défenseurs, de nos amis! Il est temps, Messieurs, que votre exemple nous
entraîne et nous accoutume à ne rien redouter. quand il s'agit de montrer
son patriotisme.

» Ne voyons-nous pas que votre seule ambition est de répandre le bonheur sur un peuple, hélas! trop longtemps esclave? Il n'est point de classe
dans la société que votre administration n'aille bientôt atteindre et vivi-
fier. Universels dans vos soins généreux, le faible jusqu'alors confondu
dans l'oubli, n'en aura que plus de titres à vos bienfaits. Mais c'est à
nous surtout qu'il appartient de parler le langage d'une reconnaissance
sans mesure, à nous qui, formant nos premiers pas dans la carrière de la
vie, semblons réservés par les destins à jouir du fruit de vos importants
travaux; aussi, nous le jurons avec toute la franchise de notre âge, ce
sentiment ne s'éteindra qu'avec notre existence, et notre consolation sera
de le transmettre à nos enfants. Vos noms chéris se présenteront toujours
à notre mémoire unis à celui de la patrie. Qu'il nous est doux de la voir
à notre aurore cette patrie si chère, cesser d'être en proie aux abus insul-
tants et inhumains que nos sages représentants viennent de proscrire!
Que du sein de nos murs il nous soit permis de bénir les hommes immor-
tels auxquels nous devons le bonheur de respirer le jour sous un ciel
épuré par la liberté. Nous allons former un peuple nouveau, qui défendra
jusqu'à la dernière goutte de son sang la Constitution qu'ils ont créée;
mais que par-dessus tout, nos voix s'élèvent et chantent les louanges du
Roi bienfaisant qui, dédaignant un pouvoir aussi pesant pour lui-même
que pour ses peuples, a eu la force de se montrer le restaurateur de la
liberté française.

« Nous nous arrêtons. Messieurs : car, emportés par les élans civiques
de nos cœurs, nous craindrions de suspendre le cours de vos sublimes
opérations. »

Après la réponse du président de l'Assemblée, professeurs et élèves
furent admis à prononcer la formule du serment civique, et il fut arrêté
que le 18 mai serait, à perpétuité, jour de congé, en mémoire de la
grande journée qui s'était passée le 18 mai 1790.

(1) Né à Angers le 26 août 1773 : il devint membre du Conseil d'arrondis-
sement d'Angers sous le Consulat.

tenu dernièrement, dans l'église de l'Oratoire, en présence de MM. les Administrateurs du département, un exercice de physique pratique et expérimentale.

Le moment approche où l'Assemblée nationale, pour mettre le comble au grand ouvrage dont elle s'occupe, se livrera à un plan d'éducation plus analogue à nos mœurs, et dégagé de toutes les inutilités reprochées depuis si longtemps à l'ancienne méthode. Mais s'il est une science que les instituteurs puissent se flatter de voir échapper à la réforme, c'est sans contredit la physique. Elle intéresse de trop près le bonheur des hommes, elle a des rapports trop directs avec leurs besoins et leurs plaisirs, pour que nos législateurs n'en fassent pas un des principaux objets des études publiques. M. Léonard-Auguste Thorel aura, en quelque sorte, devancé leurs vœux et leurs décrets. Son programme annonçait qu'il avait embrassé toutes les principales divisions de cette vaste portion des connaissances humaines (1). La manière dont il a répondu a prouvé qu'il ne s'était pas contenté d'en prendre une teinture superficielle ; il a surtout donné des soins particuliers à la chimie que ses maîtres habiles lui ont enseignée, d'après les nouveaux principes des Bertholet, des Fourcoy et des Lavoisier.

Deux séances consécutives (2), de plus de trois heures chacune, ont été consacrées à rendre compte de ses travaux. La facilité avec laquelle il s'est énoncé sur toutes les questions paraîtra plus étonnante encore quand on saura qu'il a répondu en français sur des matières qu'il avait étudiées en latin. Le premier jour se termina d'une manière bien flatteuse pour lui : M. le Président du Direc-

---

(1) *Exercice de physique théorique et expérimentale, dédié à MM. les Administrateurs du département de Maine-et-Loire*. (Manne, 1790, in-4° de 10 pages.)

(2) 20 et 21 juillet.

toire (1), au nom de tout le département qui avait accepté la dédicace de son Exercice, lui remit en prix la collection des Œuvres du naturaliste Bonnet (2). Ce don fut précédé d'un discours singulièrement applaudi et dans lequel M. le Président montra que le talent d'écrire ne lui est pas plus étranger que celui d'administrer. Ce ne sera pas la dernière fois que nous aurons à rendre de pareils hommages aux hommes éclairés que le département de Maine-et-Loire a choisis pour les dépositaires de ses intérêts ; l'Exercice de rhétorique lui est encore dédié, et les sacrifices personnels qu'ils ont déjà faits pour récompenser, dans cette circonstance, les jeunes gens qui auront mérité d'être couronnés, ne peuvent qu'accroître l'émulation et ajouter à la reconnaissance de leurs concitoyens.

Le 16 du mois d'août, MM. les écoliers de sixième ont soutenu, dans la salle du collège de l'Oratoire, un Exercice sur l'Histoire Sainte. M. de Bagny a ouvert cet Exercice par un discours analogue au sujet et qui a été très applaudi ; nous regrettons beaucoup de ne pas l'avoir à notre disposition et de ne pouvoir le transcrire ici. — Le sujet qu'ont traité MM. les écoliers de sixième est, sans contredit, celui qui mérite de préférence d'occuper cet âge tendre, où l'esprit commence à faire le premier essai de ses forces. C'est, en effet, à cette heureuse époque de la vie qu'il faut avoir grand soin de redresser ces jeunes plantes, toujours prêtes à se courber, et qu'il faut confier à la terre ces semences salutaires qui doivent un jour à couvrir de précieuses moissons. Or, quoi de plus propre inspirer aux enfants l'amour de la vertu que de leur tracer l'histoire de nos premiers parents et de leur rappeler ce

(1) M. Biondé, dont il sera question plus loin. — L'organisation du nouveau département de Mayenne-et-Loire s'était effectuée au mois de mai 1790.

(2) Charles Bonnet, né en 1720, mort en 1793.

long enchaînement de la justice et de la miséricorde de Dieu depuis eux jusqu'à nous. Ce sont là les connaissances, vraiment utiles et intéressantes, qu'il est bon d'inculquer dans la mémoire des enfants ; c'est aussi par là qu'on peut élever comme par degré leurs âmes innocentes aux vérités sublimes et touchantes d'une religion sainte.

Cet exercice a été suivi des principales notions sur la géographie et d'une petite pièce de M. Berquin (1), intitulée : *l'École Militaire*. La manière intéressante et le naturel avec lequel ils ont rendu certains rôles qui exigent beaucoup d'âme et de sensibilité, leur ont attiré des applaudissements aussi flatteurs que mérités. On ne peut qu'encourager ces jeunes élèves à continuer de travailler au développement des heureuses dispositions qu'ils annoncent, en profitant de plus en plus des lumières qu'ils sont à même de puiser dans une Congrégation libre, qui s'est toujours consacrée avec un noble désintéressement aux travaux pénibles de l'éducation.

Nous devrions un long article à l'exercice de rhétorique qui a précédé cette année la distribution des prix, si nous le proportionnions à l'intérêt qu'il a inspiré ; mais malheureusement les bornes de cette feuille et l'abondance des matières nous forcent d'en donner une idée trop succincte. Le professeur de rhétorique était accoutumé au succès dans cette carrière (2) ; ce nouvel essai de ses talents n'a fait qu'accroître l'idée avantageuse que depuis longtemps on en avait conçue. D'un sujet assez commun, assez banal, assez usé dans les collèges, il a eu l'art de tirer un dialogue vraiment neuf et aussi instructif par le fond

---

(1) Arnaud Berquin, mort en 1791, auteur de *L'Ami des enfants*.
(2) Jean-Joseph-Marie Mévolhon, qui embrassa bientôt avec ardeur la cause de la Révolution ; il en sera question plus loin.

qu'agréable et intéressant par la forme. Il avait à parler
du poème épique. Au lieu de se traîner dans une disser-
tation froide, ou de délayer les préceptes de ce genre de
littérature dans un entretien languissant, il a fait revivre
les poètes épiques eux-mêmes ; on a vu paraître sur la
scène : Homère, Virgile et Voltaire ; le premier, avec cette
élévation d'idées, ce style noble et majestueux qui dis-
tingue ses ouvrages divins ; le second, paré de cette simplicité modeste qu'il eut en effet pendant sa vie ; le chantre
de Henri, avec ce ton hardi et sage, cet esprit brillant et
philosophique qu'il respire dans ses bonnes productions.
Il y avait dans la représentation de ce personnage de
grands écueils à redouter. Voltaire, placé entre les préjugés du fanatisme et le scepticisme de la philosophie
moderne, n'évita souvent un de ces précipices que pour se
plonger et se perdre dans l'autre. L'auteur a su le saisir
dans un juste milieu, et c'est quelquefois avec ses propres
expressions qu'il a eu l'adresse de le peindre. On a surtout admiré l'art avec lequel l'éloge de la Révolution s'est
trouvé placé dans sa bouche. L'éloge de la Révolution à
propos du poème épique, dira-t-on ; ces deux objets
semblent avoir bien peu de rapport entre eux ! Mais qu'on
se rappelle l'état de Rome du temps de Virgile, le caractère d'Auguste, l'usage que cet usurpateur fit des lettres
pour affermir sa tyrannie, la ressemblance de son siècle
avec celui de Louis le Grand, les services que les lettres
ont rendus lorsque « lassées d'encenser les idoles des
cours, elles se sont enfin adressées au peuple », l'empire
de l'opinion qu'elles ont établi, et on aura suivi la chaîne
des idées qui ont amené naturellement le tableau des circonstances actuelles. C'est ainsi que tout étant lié dans
l'ordre moral et politique, un esprit exercé voit une foule
de rapprochements à faire dans les objets qui s'isolent
aux yeux de l'homme qui ne fait que végéter.

La satisfaction du public avait été bien vive en entendant tous ces morceaux ; elle s'était manifestée par des applaudissements réitérés, dus autant à la manière dont l'exercice était écrit qu'au talent avec lequel les écoliers le faisaient valoir. Mais après le triomphe du professeur devait éclater celui d'un de ses disciples. M. La Porte, écolier de rhétorique, avait été annoncé comme auteur d'un drame en vers, et cette nouveauté ne pouvait manquer d'exciter l'enthousiasme et la curiosité des spectateurs. Nous ne dirons point que M. La Porte a vaincu toutes les difficultés de l'art dramatique, que ses coups d'essai sont des coups de maître, la première production de sa plume un chef-d'œuvre ; mais, tandis que des censeurs nuls et glacés s'amusaient peut-être à compter des vers faibles, des rimes inexactes, des pensées obscurément rendues, nous attachions, nous, tous nos regards sur un jeune homme plein de feu et d'âme, qui, dans l'âge où les sentiments sont si incertains, les passions si mal dirigées, a déjà fait de l'amitié l'objet de ses chants ; nous l'admirions s'efforçant d'atteindre à l'expression de ce que ce sentiment a de sublime, ne faisant quelquefois que l'effleurer, souvent aussi se mesurant avec son sujet, sans la moindre disproportion. Nous recueillions les larmes qu'il faisait répandre ; nous en versions nous-mêmes de délicieuses, et nous goûtions cette volupté pure que fait éprouver une belle aurore qui promet un jour plus brillant (1).

Le trait qui a fourni à M. La Porte la matière de son drame, est, comme l'a observé son professeur, dans un programme qui mérite d'être distingué, le plus touchant et le plus héroïque de l'histoire ancienne et moderne : c'est la générosité de Damon et de Pithias, qui se disputent devant un tyran le bonheur de mourir l'un pour

---

(1) C'est lui qui avait harangué l'Assemblée des électeurs le 13 mai précédent. Il sera encore question de lui plus loin.

l'autre. Le jeune poëte l'a embelli par plusieurs incidents qui ont prolongé l'intérêt et la durée de l'action. L'histoire ne nous apprend point que Pithias eut un fils; M. La Porte lui en suppose un, et cette invention heureuse lui a fourni l'occasion de placer à côté du tableau de l'amitié celui de la tendresse paternelle. La scène dans laquelle ce dernier sentiment se déploie, nous a paru sans contredit une des mieux frappées. Pithias, convaincu qu'il va périr, donne à son fils d'admirables conseils. Nous en avons surtout retenu ce vers, que nous livrons sans réflexion à ceux qui sentent le prix d'une pensée grande, rendue avec précision et énergie :

Obéis, s'il le faut; si tu peux, rends-toi libre...

Le repentir du tyran et l'offre qu'il fait aux deux amis de partager les douceurs de leur union, nous ont paru également bien exprimés. En un mot, s'il y a des défauts dans ce poème, l'âge de l'auteur les excuse et de véritables beautés les rachètent. Mais que M. La Porte ne s'y méprenne pas : de semblables succès sont des chaines. Le voilà voué à la carrière des lettres et comptable à sa patrie de l'usage qu'il fera des faveurs que lui accorderont les muses; également coupable s'il néglige ses talents ou s'il les corrompt; la route qu'il suivra ne peut plus être indifférente.

MM. les Administrateurs du département ont les premiers applaudi aux talents de ce jeune auteur; et pour lui donner une preuve de la satisfaction qu'ils avaient éprouvée, ils ont voulu qu'un prix extraordinaire lui fût accordé, pour être et la récompense des travaux passés et l'encouragement à de nouveaux succès.

Nous nous empressons de donner à nos lecteurs le discours que M. Blondé, président du département, a pro-

noncé immédiatement après l'exercice et avant la distribution solennelle des prix.

Messieurs,

C'est un spectacle bien intéressant que celui d'une brillante
jeunesse, réunie dans ce beau jour de triomphe, pour y recevoir
le prix de ses travaux. Si la victoire ne couronne qu'un petit
nombre de rivaux entrés dans cette honorable lice, tous ont des
droits à nos encouragements, à nos éloges, par leurs efforts et
leur concours dans cette belle carrière, pour y cueillir ces lau-
riers... qu'ils n'ont pas encore atteints, mais dont les rameaux,
sans cesse renaissants sur cet arbre immortel, n'attendent que
de nouvelles courses et de nouveaux vainqueurs.

Nous vous félicitons, Messieurs, d'avoir des instituteurs tels
que ceux auxquels la tendre sollicitude de vos parents vous a
confiés. Heureux choix d'une illustre Congrégation, précieuse à
la nation par les grands services qu'elle en a reçus dans une
partie aussi importante que l'éducation de la jeunesse.

Puisse une source si pure et si féconde de lumières et de
vertus n'être point détournée ! Puissent nos fils recevoir comme
vous, Messieurs, les leçons de ces grands maîtres dans l'art difficile de former le cœur et l'esprit !

Vous avez déployé avec bien du goût de profondes connaissances sur le poëme épique, que les littérateurs regardent
comme le plus grand, le plus bel effort de l'esprit humain.

Vous avez inspiré un grand intérêt dans le triomphe de l'amitié, charmant essai qui fait le triomphe du jeune auteur lui-
même (M. La Porte, écolier de rhétorique). On doit à son goût
le choix du sujet ; à ses talents, un style facile, de beaux détails ;
à son cœur, le tableau touchant des sentiments et des sacrifices
de la plus tendre et la plus constante amitié, dont l'antiquité
nous ait laissé de modèles. Aussi, Messieurs, avez-vous obtenu
les suffrages les plus flatteurs ; les applaudissements des dames,
dont les éloges, dictés par le tact le plus fin, inspirés par le sentiment, sont si capables d'exciter dans les âmes sensibles cette
noble émulation qui fait tout entreprendre, tout réussir pour

mériter de plaire à ce sexe aimable, dont les grâces, la douceur
et les vertus sont le charme de notre vie. Mais je retarde ses
plaisirs, en éloignant la distribution des prix, ce moment de la
victoire, si doux, si flatteur, quand elle est si bien méritée (1).


## 1791


La distribution solennelle des prix s'est faite, vendredi
dernier, 12 août, dans une salle du Collège d'Angers.

MM. les écoliers de rhétorique l'ont fait précéder, selon
l'usage, par un exercice en forme d'entretien, où ils ont
prouvé l'influence que la Révolution va opérer sur la per-
fection de la langue, et porter la littérature française à une
splendeur qui balancera peut-être celle du siècle de
Molière. M. Mevolhon, professeur de rhétorique, auteur
de cet ouvrage (2), insinue, d'une manière philosophique
et satisfaisante, qu'il est temps enfin que le langage
s'épure et se régénère, qu'il se débarrasse de cette ortho-
graphe qui porte encore l'empreinte des idiomes gothiques
et bourguignons, qui jusqu'à ce moment l'ont rendu difficile aux autres nations et a paru ridicule aux hommes
qui osèrent penser, lorsqu'un censeur entravait le génie.
Il voudrait qu'on écrivit les mots tels qu'on les prononce,
et son programme, qui ne doit pas être oublié comme
tant d'autres, montre en même temps le conseil et
l'exemple. De là il passe à la littérature et fait dire à ses
élèves que la poésie en tous genres va recouvrer un nouvel
éclat. Sur ce point nous ne sommes pas de son sentiment,
car la poésie, sous bien des rapports, semble être l'apa-
nage de la servitude. Lorsqu'il avance que les Français

(1) *Affiches d'Angers*, numéro du 21 août 1790.
(2) Cet ouvrage est conservé manuscrit (in-4° de 64 pages) dans le fonds
Grille, à la Bibliothèque d'Angers.

pourront enfin atteindre la hauteur de l'épopée, sans doute il s'est trompé, car notre histoire n'offre à notre imagination que des spectacles mesquins et barbarement ridicules, et la Révolution n'a point produit encore de sujets épiques. L'ode pourra seule trouver des tableaux dignes de son énergie : elle ne sera plus l'hymne des tyrans mais le cantique de la liberté. Le genre comique, enrichi par la Révolution de caractères nouveaux, pourra reprendre son juste ascendant sur une nation qui, en s'instruisant, aime à rire. D'ailleurs, comme l'a bien observé l'auteur patriote, c'est sous l'empire de la liberté qu'Aristophane put présenter ces images vraies et ces sarcasmes fins qui vont frapper l'administrateur inepte et vain. La tragédie, n'étant plus enchaînée par la main des censeurs, et prenant son essor, offrira désormais ces idées fortes et sublimes qui conservent l'esprit public, lorsqu'il est formé, et qui l'agrandissent, lorsqu'il ne l'est pas encore. Malheureusement, trop longtemps avilie par le despotisme, notre histoire n'offrira point assez de tableaux aux poètes dramatiques, mais Rome et la Grèce, la Suisse et la Scythie pourront abondamment y suppléer. L'auteur, continuant sa marche didactique et sûre, après avoir fait voir les avantages que l'histoire retirera aussi de la Révolution, s'avance à grands pas pour joindre l'éloquence, et, comme il dit, elle est fille de la liberté. Ce n'est point sous Louis XIV qu'il faut la chercher. Faite pour combattre les oppresseurs, elle les fuit ou les déteste, et lorsqu'on voit les tyrans vilement encensés, ce n'est point par l'éloquence mais par la flatterie, qui, osant se couvrir de ses vêtements, n'en montre que davantage sa méprisable impuissance. C'est au sein des assemblées du peuple, au milieu des discussions politiques et nationales, qu'elle aime à planer fièrement et à répandre sa majesté et ses ressources puissantes. C'est là que Démosthènes, embrasé du bien public, prodiguait à grands flots les lumières et les raisons : c'est du haut de la tribune d'Athènes qu'il combattait Philippe et qu'il faisait sentir rapidement à ses concitoyens ces commotions électriques et nécessaires qui les portaient tout à coup et par un élan irrésistible et généreux à défendre leur patrie menacée. L'auteur termine son ouvrage par quelques réflexions sur ce grand homme, sur Cicéron, Bossuet et Mirabeau, et il a fait voir que le premier joignait à une dialectique solide la force et le nerf républicain ; le second, plus timide, aussi puissant, mais plus naturel, plus savant et plus aimable, réunissait tous les talents qui constituent un grand orateur, et que si la nature avait désigné Bossuet pour les égaler tous deux, la tyrannie l'en avait empêché ; enfin il compare Mirabeau à ces trois grands maîtres : plus heureux qu'eux tous, Riquetti (1) a, par son éloquence, fait naître et établi la liberté, tandis que Démosthènes l'a vue incertaine, Cicéron expirante et Bossuet, point du tout.

Cet ouvrage, bien écrit, énergique et distribué élégamment, mais surtout animé du sentiment de la liberté, ne peut qu'attirer de grands éloges à celui qui en est l'auteur. Il s'annonce comme pouvant remplir lui-même, dans l'éducation nationale, une chaire d'éloquence, et qui pourrait la lui disputer en mesurant ses talents et son patriotisme ? — Non content de ce premier ouvrage, il a fait représenter ensuite à deux de ses élèves un dialogue en vers de sa façon. Le sujet de ce petit drame peut s'analyser ainsi :

Le Génie de la mer du Sud annonce à M. La Pérouse, qui paraît y être détenu, que sa patrie est libre et que même elle a envoyé sur toutes les mers pour découvrir son asile et le rendre à ses foyers et à sa femme chérie. Cet illustre savant ose douter un instant, mais le Génie lui fait un récit si pathétique et si intéressant de la Révolution

(1) On sait que Mirabeau se nommait Gabriel Honoré de Riquetti.

---
28
---

Française, qu'il le convainc. Si une belle poésie, des sentiments bien annoncés et surtout d'une manière précise, concourent beaucoup à l'excellence d'un ouvrage, celui-là sans doute n'est point à dédaigner, et peut-être l'auteur ferait-il bien de le donner à l'impression.

Nous croyons devoir avertir que ce n'est point la flatterie qui nous a fait porter tous ces jugements (cette passion nous est inconnue), mais la seule reconnaissance et l'amour du vrai.

Étienne LAPORTE (1).

## II

## Collège royal de La Flèche (2)

### 1791

Mardi 30 août, a été représenté pour la seconde fois, au Collège de La Flèche, *Raoul, sire de Crequi*, comédie

(1) Il s'agit du lauréat de l'année précédente.

Le journal rédigé par Milscent, le *Creuset* (n° 15), rendit compte aussi du discours de Mévolhon et lui reprocha de s'être arrêté en chemin. Dans le numéro du 30 août 1791, « Mévolhon, de l'Oratoire », répondit à Milscent. Le numéro 18 du *Creuset* continua la polémique, qui fut enfin terminée par une réplique de Mévolhon. *Affiches* du 3 septembre.)

(2) Le collège fut fondé, en 1603, par Henri IV.

Le 4 octobre 1773, Mgr de Grasse, évêque d'Angers, arrive et descend au Collège royal de La Flèche, où il est harangué par M. Hamelin, faisant les fonctions de principal. Les *Affiches d'Angers* rendirent compte du séjour de l'Évêque en cette ville.

Le 14 novembre 1774, on érige, dans la chapelle du Collège, pour le service funèbre de Louis XV, un superbe mausolée. Les *Affiches* donnent une description complète du mausolée et rendent compte de la cérémonie.

Le 29 septembre 1775, on bénit, dans la chapelle du collège, le nouveau

en trois actes, de M. Montvel (1), musique de M. Dalayrac.
Les personnes qui connaissent cette pièce, croiront à peine
que des jeunes gens de 12 à 18 ans aient osé en entreprendre l'exécution. Cependant plus de *1200* spectateurs
peuvent attester qu'elle a eu le succès le plus complet,
que les acteurs ont fait passer dans l'âme de leurs audi-
teurs tous les sentiments dont ils étaient eux-mêmes singulièrement pénétrés. On sait que des jeunes gens de cet
âge, qui n'ont jamais fréquenté le théâtre, n'ont pu réussir
à un tel point qu'avec le secours des personnes qui les
ont dirigés. Le zèle et l'intelligence de M. Merlin, professeur de seconde, méritent les plus grands éloges. On doit
au rare talent que possède M. Collet, maître de musique
vocale, l'ensemble et la précision vraiment admirables
qui ont été constamment observés dans les morceaux qui
offraient le plus de difficultés.

Cette pièce a été suivie d'un ballet, de la composition
de M. Bastacq, exécuté par des enfants, de manière à faire
oublier aux spectateurs qu'ils les retenaient déjà depuis
cinq heures.


## III


## Collège de Beaupréau (2)


### 1773


Le mercredi 1ᵉʳ septembre, MM. les Professeurs du Collège de Beaupréau firent, dans la salle de leur collège,

drapeau que le Roi venait de donner au 4ᵉ bataillon du régiment d'Au-
vergne-Infanterie. (Cf. les *Affiches d'Angers.*)

(1) Jacques-Marie Boutet de Montvel, né en 1745, mort en 1812, père de
Mⁱˡᵉ **Mars**.

(2) Fondé en 1710, par M. Choilet, directeur au Séminaire d'Angers. Il
subsista jusqu'au début de 1793.

A la distribution des prix de l'année 1745, on joua *Le retour de Daphnis*, la distribution générale des prix. Ils nous ont adressé l'ordre de la distribution et les noms de MM. les candidats qui les ont mérités et obtenus, en nous engageant de les insérer dans nos Feuilles, et nous observant que c'était pour la jeunesse un motif d'émulation.

## RHÉTORIQUE

MÉMOIRE. — *Prix* : Louis Grolleau.

ÉLOQUENCE. — *Prix* : Charles Le Fort, Marie Baudry de Beaumanoir. — *Accesserunt* : Jacques Dillé, Yves Ricordel, Louis Grolleau.

VERSION. — *Prix* : Marie Baudry de Beaumanoir, François Ducoudray de la Bruère. — *Accesserunt* : Pierre Guibert, Charles Le Fort, Jacques Dillé.

VERS. — *Prix* : Eugène Gaultier, Jacques Dillé. — *Accesserunt* : Charles Le Fort, Pierre Guibert, Louis Grolleau.

**Approbation de Pâques.** — THÈME. — *Prix* : Charles Le Fort, Marie Baudry de Beaumanoir. — *Accesserunt* : Louis Duverdier de la Sorinière, Jean Bouyer, Jacques Dillé.

## SECONDE

MÉMOIRE. — *Prix* : Michel Boidron. — *Accessit* : René Audap.

NARRATION LATINE. — *Prix* : Michel Boidron, René Audap. — *Accesserunt* : Bernard Audap, Jean Dubois, Jean Féard, Étienne Martin.

VERSION. — *Prix* : Michel Boidron, Jean Dubois. — *Accesserunt* : Jean Le Noir de la Brosse, Bernard Audap, Charles Colin, Eusèbe Bousseau.

VERS. — *Prix* : Étienne Martin, Michel Boidron. — *Accesserunt* : Jean Féard, François Mondain, René Audap, Charles Colin.

pastorale, et une pièce comique intitulée : *Le ... de Molière*. Le tout fut suivi d'un ballet, dans ... ordre des choses.

A l'occasion du ballet qui ont ... vers cette époque à Beaupréau, et dont l'usage ... maintint longtemps dans ce collège, lire dans la *Notice historique* l'opposition qu'y firent, en 176.. les curés de Notre-Dame de Beaupréau et de La Chapelle-du-Genet.

**Approbation de Pâques.** — Thème. — *Prix :* Michel Boidron, Charles Colin. — *Accesserunt :* René Audap, François Mondain, Étienne Martin.

## TROISIÈME

Mémoire. — *Prix :* Jean Pionneau. — *Accesserunt :* Julien Touzeau, René Charrier, Jacques Hiron.

Thème. — *Prix :* René Charrier, Thomas Hussey. — *Accesserunt :* François Huet, Emmanuel de Crolle, François Auvinet.

Version. — *Prix :* René Charrier, Jacques Hiron. — *Accesserunt :* Thomas Hussey, Louis Marchais, Esprit Guillou.

**Approbation de Pâques.** — Thème. — *Prix :* François Auvinet, Jean Duprat. — *Accesserunt :* François Huet, René Charrier, Jean Pionneau.

## QUATRIÈME

Mémoire. — *Prix :* Thomas Beguier. — *Accesserunt :* Étienne Choblet, Joseph Clemenceau, Jean Le Vacher.

Thème. — *Prix :* Joseph Saint-Amand, Thomas Beguier. — *Accesserunt :* Joseph Clemenceau, Alexandre Oger, Denis Baudron.

Version. — *Prix :* Jacques Tournerie, Thomas Beguier. — *Accesserunt :* Charles Gontard, Étienne Choblet, Joseph Clemenceau.

**Approbation de Pâques.** — Thème. — *Prix :* Jacques Tournerie, Thomas Beguier. — *Accesserunt :* Joseph Saint-Amand, Étienne Choblet, Louis Daniel.

## CINQUIÈME

Mémoire. — *Prix :* Jean Bourigault. — *Accesserunt :* Jean Durand, Étienne Doly.

Thème. — *Prix :* Gabriel Bouezo, Julien Merland. — *Accesserunt :* André Froux, Étienne Doly, Jacques Ménard.

**Approbation de Pâques.** — Thème. — *Prix :* Jacques Ménard, Gabriel Bouezo. — *Accesserunt :* Jacques Doyen, André Froux, Étienne Doly.

## SIXIÈME

Mémoire — *Prix* : Félix Nogué.

Thème. — *Prix* : Laurent Doly, Louis Guéry. — *Accesserunt* : Liouis Leger, Pierre Merland, Joseph Guignard.

**Approbation de Pâques.** — Thème. — *Prix* : Joseph Gaudin, Henri Guignard. — *Accesserunt* : Louis Guéry, Laurent Doly, Pierre Merland.

## SEPTIÈME

**Première Bande.** — *Prix* : René Bertry, Charles Chesneau. — *Accesserunt* : Joseph Clemenceau, Joseph Duval, Pierre Houdet, René Gruget.

**Seconde Bande.** — *Prix* : Jean Raimbault. — *Accesserunt* : Jacques Granger, René Benoist (1).

---

(1) *Un « abonné » des* Affiches d'Angers *écrivit, de Beaupréau, à ce journal, le 12 décembre 1781* :

Monsieur,

J'ai vu avec plaisir que vous cherchez à rendre des plus intéressantes les fêtes particulières que les vrais témoignages d'attachement des Français pour les augustes souverains qui les gouvernent, ont occasionnées. Aussi me flatté-je que vous voudrez bien y insérer celle que MM. du collège de Beaupréau, animés du même zèle et des mêmes sentiments, iennent de célébrer le 30 novembre dernier.

Jaloux de marquer la part qu'ils prennent à la joie publique et de joindre l'exemple aux leçons qu'ils se font autant un plaisir qu'un devoir de donner à leurs élèves sur ce qu'ils doivent à leurs princes, les instituteurs du collège de Beaupréau, après avoir satisfait aux ordres de M⁊ l'Évêque, en chantant à l'issue de leurs vêpres le dimanche 18 novembre le *Te Deum*, ont chanté le jeudi suivant une messe solennelle *pro gratiarum actione*, à laquelle tous leurs élèves, pensionnaires et externes, ont assisté, pour l'ouverture d'une neuvaine qu'ils ont faite pour la conservation de M⁊ le Dauphin.

Afin de joindre l'aumône à la prière, les élèves se sont cotisés pour habiller deux pauvres.

On a ensuite fait une illumination. Toute la façade du collège, qu'on vient de faire bâtir, présentait un coup d'œil charmant. Elle a quatre-vingts pieds de largeur et cinquante de hauteur. Toutes les fenêtres étaient éclairées d'une chandelle chacune et de dix-huit lampions. On avait mis en lampions, au milieu de la façade : *Vota Collegii, Vive le Roi*,

# IV

# Collège de Château-Gontier

## 1773

### Distribution des Prix (1)

### RHÉTORIQUE

AMPLIFICATION. — *Prix* : Joseph Heulot. — *Accesserunt* : Michel Tardif, François Asseré (2), Jacques Houdbine (3.) René Morisseau, Jean Tessier.

VERSION. — *Prix* : Joseph Heulot. — *Accesserunt* : Guillaume Gernigon (4), Jacques Houdbine, Pierre Giraudière, René Roussier de la Mauvière, François Pineau (5).

VERS. — *Prix* : Jean Tessier. — *Accesserunt* : Joseph Heulot, Joseph Leboux, Pierre Giraudière.

MÉMOIRE. — *Prix* : Jean Tessier. — *Accessit* : Michel Tardif.

DILIGENCE. — *Prix* (*donnés par le sieur Billault, imprimeur du Collège*) : Joseph Heulot, François Pepin. — *Accesserunt* : Jean Tessier, François Pineau, Florent du Tertre, Pierre Giraudière.

*Vive la Reine, Vive le Dauphin.* Ces mots, profondément gravés dans les cœurs des maîtres et des élèves, ont été répétés à plusieurs reprises pendant tout le temps qu'a duré ce spectacle, que toute la ville s'est empressée de venir *jouir*.

(1) Les *Affiches d'Angers* n'indiquent pas le jour où se fit cette distribution des prix. — Ce collège existait depuis le xII° siècle.

(2) Mort le 15 octobre 1838, ancien curé de Distré.

(3) Mort curé de Denazé près Craon, en 1823.

(4) Mort curé de Chazé-Henry, le 20 juin 1826.

(5) Mort curé de Cherré, le 25 janvier 1818, en prêchant sur la mort, le dimanche de la sexagésime !

## SECONDE

AMPLIFICATION. — *Prix* : Joseph-Marie Normant. — *Accesserunt* : Antoine Faussabry (1), Jean La Motte, Jacques La Haie, Jacques Sallais (2).

VERSION. — *Prix* : Joseph-Marie Normant. — *Accesserunt* : Antoine Faussabry, Louis-François Bariller de Chartrené (3), Jacques La Haie, François Fermont.

VERS. — *Prix* : Joseph-Marie Normant. — *Accesserunt* : André-Thomas Burgevin, Jean Granger, Antoine Faussabry, Louis-François Bariller de Chartrené.

## TROISIÈME

THÈME. — *Prix* : Antoine Ganne. — *Accesserunt* : Jean Tardif (4), Cyr Lacroix, François Paigis (5), Luc Druault, Jean-Marie Bertrand La Valette.

VERSION. — *Prix* : Jean-Marie-Bertrand La Valette. — *Accesserunt* : François Paigis, Ambroise Ganne, René Houdet, René de la Barre (6), Jacques Houdet.

VERS. — *Prix* : Jean Gaultret. — *Accesserunt* : Jean Tardif, Pierre Robin, François Paigis, Jean-François de la Primaudière.

MÉMOIRE. — *Prix* : Jean Baudouin (7). — *Accesserunt* : René Houdet, Jacques Desancé, Pierre Bachelot, Jean du Souchay.

(1) Il était Belge de naissance.

(2) Mort le 13 mai 1826, à l'âge de 92 ans. Il était curé de Bonchamps près Craon.

(3) Mort prêtre habitué à Saint-Laud, le 18 janvier 1820.

(4) Mort le 9 septembre 1819, chanoine titulaire d'Angers.

(5) D'une famille bourgeoise de Châteaugontier. Fut député à la Constituante.

(6) Famille noble de Chérancé, près Craon.

(7) Devint aumônier des Chouans en 1794. Il était vicaire à Avrillé, près Angers.

## QUATRIÈME

**Thème.** — *Prix* : Michel Saulou (1). — *Accesserunt* : René Grandmaison, Louis Saint-Chereau, Fidèle Le Minihy, René Frémondière.

**Version.** — *Prix* : René Frémondière (2). — *Accesserunt* : Fidèle Le Minihy, René Chantelou, René Grandmaison, Louis Saint-Chereau, Louis Briand.

**Vers.** — *Prix* : Michel Saulou. — *Accesserunt* : Louis Saint-Chereau, Pierre Chantelou, Maurille Batard (3), René Grand-maison, Georges Muray.

**Mémoire.** — *Prix* : Maurille Batard.

## CINQUIÈME

**Thème.** — *Prix* : Pierre Angoulevant (4). — *Accesserunt* : Louis Lenoir, Pierre Breheret (5), Pierre Duchesne. René Maunoir, Charles Meignan (6).

**Version.** — *Prix* : Pierre Duchesne. — *Accesserunt* : Pierre Angoulevant, Louis Lenoir, Jacques-Jean Dauverné, Louis Louvrier.

**Mémoire.** — *Prix* : Pierre Angoulevant. — *Accesserunt* : Louis Louvrier, Louis Lenoir, Pierre Breheret.

## SIXIÈME

**Thème.** — *Prix* : Pierre Renou. — *Accesserunt* : Louis Lucas. Pierre Monier, Jean Terrier. Benjamin Bernard.

**Version.** — *Prix* : Pierre Renou. — *Accesserunt* : Mathurin

---

(1) Mort en Espagne en 1793.
(2) Mort doyen de Grez-en-Bouère, le 9 août 1822, à 69 ans.
(3) Mort curé de Saint-Laud, le 18 janvier 1820.
(4) Mort curé de Chazé-sur-Argos, le 11 février 1827.
(5) Mort le 10 novembre 1842, curé de Saint-Rémy de Châteaugontier, âgé de 92 ans.
(6) Il mourut sous-préfet de Châteaugontier, en juin 1807.

Bodusseau (1), Jean Claveau, Jacques Tonnelier (2), Noël Goué, Jean Terrier.

MÉMOIRE. — *Prix* : Jean Terrier. — *Accesserunt* : Pierre Renou, Pierre Fouqueret (3), Mathurin Bodusseau.

## SEPTIÈME

THÈME. — *Prix* : Louis Guemerais, Jacques Macé. — *Accesserunt* : Eustache Trichet, Pierre Bouvier, René des Noës, Louis Hovius (4), Pierre Bonneau (5).

MÉMOIRE. — *Prix* : Jacques Macé. — *Accessit* : René Gautier.

## PRIX DE LECTURE PENDANT LA TABLE

*Prix donné par M. le Principal*) : Joseph Heulot. — *Accesserunt* : Louis-François Barillier de Chartrené, Jean-Marie Normant, René Roussier de la Mauvière, François Asseré, Jean Tessier.

## PRIX D'ATTENTION PENDANT LA LECTURE DE LA TABLE

*Prix donnés par M. le Principal*) : Jean Tessier, Joseph Heulot. — *Accesserunt* : François Asseré, René de la Barre, Joseph Leboux, Louis Lenoir (6).

---

(1) Famille de négociants à Châteaugontier.

(2) Mort aumônier de l'hôpital de Durtal, le 28 mars 1834.

(3) Décédé le 9 novembre 1791. Il était curé constitutionnel de Saint-Jean de Châteaugontier.

(4) D'une famille d'imprimeurs à La Flèche.

(5) Mort curé de Coudray, près Châteaugontier, le 12 février 1843.

(6) Le 17 mars 1734, une thèse latine fut soutenue au collège de Châteaugontier par Louis-Daniel Le Masson du Haras.

Une représentation théâtrale fut donnée dans cette maison, quelques mois plus tard, comme l'indique le placard suivant imprimé chez Gentil : *Sujet des déclamations que l'on fera dans le collège de Châteaugontier le vendredi 10 septembre 1734, à deux heures de l'après-midi.* On jouera une tragédie : *Le martyre d'Eléazard*, et une comédie : *Le jeune Ésope.*

Le 12 septembre 1786, la classe de rhétorique fit un Exercice académique ; le programme en a été conservé.

# V

# Collège royal de l'Oratoire de Saumur (1)

## 1773

**Distribution des prix du mercredi 18 août.**

### RHÉTORIQUE

ÉLOQUENCE LATINE. — *Prix :* René Vilneau (2), Joseph de Gouvello. — *Accessit :* Jean Ollivier.

THÈME. — *Prix :* Joseph de Gouvello, Joseph Lamoureux. — *Accesserunt :* Étienne Gastault, Jean Ollivier.

VERSION. — *Prix :* Joseph de Gouvello, René Mongazon. — *Accessit :* René Vilneau.

VERS. — *Prix :* Joseph de Gouvello, Joseph Lamoureux.

MÉMOIRE. — *Prix :* Étienne Gastault. — *Accesserunt :* René Vilneau, Jean Ollivier.

### SECONDE

FABLE. — *Premier prix :* Louis Violette : *le second prix a été tiré au sort entre* Louis Coutard et César Minier (3). — *Accessit :* François Taillebuis (4).

THÈME. — *Prix :* Louis Violette, François Taillebuis. — *Accesserunt :* André Drouin de Chamorin (5). Louis Coutard.

1) Les Oratoriens quittèrent le collège de Saumur en 1785, et M. l'abbé Blondeau prit la direction de cet établissement.

(2) Nommé curé de Varrains en avril 1782.

(3) Minier devint curé de Nantilly ; il démissionna le 16 juin 1832, et mourut prêtre habitué en cette paroisse le 21 juin 1838.

(4) Mort curé de Jarzé, le 30 mars 1814.

(5) Mort le 1er août 1805, curé de Chalain.

Version. — *Prix :* François Taillebuis, César Minier. — *Accesserunt :* Louis Violette, Louis Coutard.

Vers. — *Prix :* Louis Coutard, François Taillebuis. — *Accessit :* Louis Violette.

Mémoire. — *Prix :* Louis Coutard.

## TROISIÈME

Thème. — *Prix :* Gabriel Morry, Henri-Joseph Sailland. — *Accesserunt :* Gabriel Leblanc, François Sailland de la Vieillardière.

Version. — *Prix :* Gabriel Morry, Gabriel Leblanc. — *Accesserunt :* Henri-Joseph Sailland, François Sailland de la Vieillardière.

Vers. — *Prix :* Gabriel Leblanc, Gabriel Morry. — *Accessit :* François Sailland de la Vieillardière.

## QUATRIÈME

Thème. — *Prix :* Joseph Couscher, Jean-Baptiste Quincé (1). — *Accessit :* Philippe Dubois (2).

Version. — *Prix :* Jean-Baptiste Quincé, Louis Platel. — *Accesserunt :* Charles Beaufils, Jacques Vilneau, Joseph Couscher.

Mémoire. — *Le Prix a été tiré au sort entre* Jean-Baptiste Quincé et Alphonse Hicard.

## CINQUIÈME

Thème. — *Premier prix :* René Coutard ; *le second prix a été tiré au sort entre* François-Sébastien Chollet et Jean-Jacques Clément. — *Accesserunt :* Joseph Genneteau, Paul Audigé des Cossetières.

Version. — *Prix (de la générosité du professeur) :* René Coutard, François-Sébastien Chollet. — *Accessit :* Jean-Jacques Clément.

Mémoire. — *Le prix a été tiré au sort entre* René Coutard et François-Sébastien Chollet.

1. Mort doyen du Chapitre et vicaire général, en 1845.
(2) Cet ecclésiastique mourut à l'hospice de la Providence de Saumur, le 3 mai 1836.

## SIXIÈME

THÈME. — *Prix* : Florent Gardon, Gaspard Genet. — *Accesserunt* : Louis-Charles Vallois, Michel Rousseau.

VERSION. — *Prix (de la générosité du professeur)* : Dominique Boilesve, Michel-Florent Renault. — *Accessit* : Guillaume La Motte.

MÉMOIRE. — *Prix* : François Couscher de la Perrière (1).

## 1774

MM. les Prêtres de l'Oratoire du Collège, continuellement occupés de l'éducation des sujets qui leur sont confiés, ont fait tenir, le vendredi 7 janvier, dans leur salle ordinaire, un Exercice académique de Quatrième et de Cinquième sur les *Mœurs des Chrétiens*, et le *Catéchisme historique* de M. de Fleury.

MM. René Coutard, Maurice Genneteau, Jean-Jacques Clément et Matthieu Sureau, de Saumur, écoliers de quatrième ; — René Flamant, de Nantes, Dominique Boislesve, de Saumur, écoliers de cinquième ; — Félix-Pierre Morry, Louis Vallois, Victor Minier, François Couscher et Pierre-Gabriel Normand de la Chesnaye, — ont disertement répondu aux différentes questions qui leur ont été faites, et se rendent dignes des soins qu'on emploie à leur former le cœur et l'esprit.

MM. Louis Coutard, écolier de rhétorique, et Jean-Baptiste Quincé, écolier de troisième, continuant de se distinguer par leur conduite, leur application et leurs succès, ont fait chacun la lecture d'une pièce académique dans le genre où ils ont mieux réussi.

(1) La *Semaine religieuse* (17 juillet 1898) et la *Revue Poitevine et Saumuroise* (septembre 1898) ont publié ce palmarès du Collège royal de Saumur.

Le lundi 7 février, MM. les écoliers de rhétorique ont tenu, en la salle ordinaire du Collège, un Exercice académique sur la Dialectique, dans lequel MM. Coutard, Minier et Taillebuis ont donné des preuves de leur intelligence et capacité.

Dans la même séance, MM. Couscher, Beaufils, Trottouin, Vilneau et Allotte, de Saumur, écoliers de troisième, ont tenu leur Exercice sur l'Histoire des Révolutions Romaines et sur une partie considérable des auteurs qu'ils ont expliqués.

Le mercredi 9 février, MM. Sailland de la Vieillardière, Leblanc et Morry, écoliers de seconde, ont tenu un Exercice littéraire sur l'Histoire de France.

Ces Messieurs, en satisfaisant à l'empressement que la partie la plus distinguée des citoyens témoigne à ces sortes d'Exercices, ont glorieusement rempli le vœu de leurs parents et se sont rendus dignes des soins et du vif intérêt que MM. de l'Oratoire prennent à Saumur de l'éducation de la jeunesse.

Le mardi **23** août, MM. de l'Oratoire firent, dans la salle de leur Collège, la distribution générale des prix. Cet acte public fut précédé d'un Exercice académique sur l'Art poétique d'Horace, dédié à M° le comte de Broglie, gouverneur général pour sa Majesté des ville et château de Saumur, pays Saumurois et Bas-Anjou.

## VI

## Collège royal de Beaufort (1)

### 1773

Le jeudi 16 septembre, MM. les Professeurs du Collège

(1) Ce collège fut fondé le 25 janvier 1577.

royal de Beaufort firent, en leur Collège, la distribution
générale des prix. Depuis plusieurs années on doit à M. le
marquis de Contades, ces prix d'émulation ; c'est par les
mains de M. le marquis de Contades fils, que MM. les
candidats ont été couronnés, et on a tout lieu d'espérer
que la libéralité et la munificence de ce seigneur redon-
neront à ce Collège son ancienne splendeur.

## TROISIÈME

Mémoire. — *Prix :* René Menou (Beaufort).

Thème. — *Prix :* Charles Chevalier (Beaufort), pensionnaire,
René Menou. — *Accesserunt :* François Chevreux (La Flèche),
pensionnaire. Simon Voileau (Beaufort), Jean-Baptiste Adam
(Brissac), pensionnaire.

Version. — *Prix :* François Chevreux, Jean-Baptiste Adam.
— *Accesserunt :* Simon Voileau, Charles Chevalier, Pierre Giroust
(Beaufort).

Vers. — *Prix :* René Menou. Simon Voileau. — *Accesserunt :*
Louis Béritault de la Sablonnière (Beaufort), François-Anne-
Marie Roberdeau (Beaufort), François Chevreux.

## QUATRIÈME

Thème. — *Prix :* Michel Émery de Grandmaison (Mazé), René-
Philippe Chevaye (Beaufort). — *Accesserunt :* Matthieu Auger
(La Flèche), pensionnaire, Louis Montagu (Beaufort).

Version. — *Prix :* René-Philippe Chevaye. Matthieu Auger.
— *Accessit :* Michel Émery de Grandmaison.

Vers. — *Prix :* Michel Émery de Grandmaison. René-Philippe
Chevaye. — *Accessit :* Matthieu Auger.

## CINQUIÈME

Mémoire. — *Prix :* François Roulleau (Paris), pensionnaire.

Thème. — *Prix :* Marie Chevaye du Plessis (Beaufort), René
Roulleau (Poitiers), pensionnaire. — *Accesserunt :* François

4

Roulleau. André Rogeron (La Bohalle), pensionnaire, Charles-Auguste Harau de la Barre (Beaufort).

VERSION. — *Prix* : René Roulleau, François Roulleau, André Rogeron. — *Accesserunt* : Marie Chevaye du Plessis, Mathurin Blouin (Saint-Mathurin).

## SIXIÈME

THÈME. — *Prix* : Jean-Baptiste Poulot (Beaufort), Marie Auger (Beaufort), pensionnaire (1).

*Les collèges d'Angers, Saumur, Beaupréau, Château-Gontier, Beaufort et La Flèche, n'étaient pas les seuls en exercice dans la province d'Anjou à la fin du XVIIIe siècle. Les Affiches d'Angers ne parlent que des distributions des prix de ces six maisons : mais, pour être complet, il faudrait ajouter les collèges de Bangé, Bourgueil, Craon, Doué, Le Lude et Précigné, car, là aussi, « une jeunesse nombreuse trouvait une instruction facile et suffisante » (2).*

*Dans les pages qui précèdent, je me suis peu soucié de composer un livre et je n'ai voulu donner qu'un recueil de notes. Ce sont des matériaux pour l'architecte qui voudra élever un monument à la gloire de nos anciennes écoles secondaires (3).*

F. UZUREAU,

Aumônier du Champ-des-Martyrs.

----

(1) En 1774, la distribution des prix du Collége royal de Beaufort eut lieu le lundi 19 septembre.

2 Le Ministre de l'Intérieur écrivait au Préfet le 16 mars 1801 : « Depuis dix ans on réclame, de toutes part, le rétablissement de ces collèges florissants où une jeunesse nombreuse trouvait une instruction facile et suffisante. »

3 Sur les anciens collèges de la province de l'Anjou, cf. *L'Enquête scolaire de l'an IX dans le département de Maine-et-Loire et les arrondissements de Châteaugontier et de La Flèche,* par l'abbé F. Uzureau. (Angers, Lachèse, 1898.)

----

Angers, imprimerie Lachèse et Cie, Schmit et Siraudeau, successeurs.

www.ingramcontent.com/pod-product-compliance
Lightning Source LLC
LaVergne TN
LVHW011402170726
843501LV00006B/1971